AF124719

BEI GRIN MACHT SICH IHR WISSEN BEZAHLT

- Wir veröffentlichen Ihre Hausarbeit,
  Bachelor- und Masterarbeit

- Ihr eigenes eBook und Buch -
  weltweit in allen wichtigen Shops

- Verdienen Sie an jedem Verkauf

Jetzt bei www.GRIN.com hochladen und kostenlos publizieren

Bibliografische Information der Deutschen Nationalbibliothek:

Die Deutsche Bibliothek verzeichnet diese Publikation in der Deutschen National-
bibliografie; detaillierte bibliografische Daten sind im Internet über http://dnb.d-
nb.de/ abrufbar.

Dieses Werk sowie alle darin enthaltenen einzelnen Beiträge und Abbildungen
sind urheberrechtlich geschützt. Jede Verwertung, die nicht ausdrücklich vom
Urheberrechtsschutz zugelassen ist, bedarf der vorherigen Zustimmung des Verla-
ges. Das gilt insbesondere für Vervielfältigungen, Bearbeitungen, Übersetzungen,
Mikroverfilmungen, Auswertungen durch Datenbanken und für die Einspeicherung
und Verarbeitung in elektronische Systeme. Alle Rechte, auch die des auszugsweisen
Nachdrucks, der fotomechanischen Wiedergabe (einschließlich Mikrokopie) sowie
der Auswertung durch Datenbanken oder ähnliche Einrichtungen, vorbehalten.

Impressum:

Copyright © 2018 GRIN Verlag
Druck und Bindung: Books on Demand GmbH, Norderstedt Germany
ISBN: 9783668649248

Dieses Buch bei GRIN:

https://www.grin.com/document/413640

Dieter Will

Kurzpräsentation: Einführung in die Finanzmathematik

GRIN Verlag

GRIN - Your knowledge has value

Der GRIN Verlag publiziert seit 1998 wissenschaftliche Arbeiten von Studenten, Hochschullehrern und anderen Akademikern als eBook und gedrucktes Buch. Die Verlagswebsite www.grin.com ist die ideale Plattform zur Veröffentlichung von Hausarbeiten, Abschlussarbeiten, wissenschaftlichen Aufsätzen, Dissertationen und Fachbüchern.

Besuchen Sie uns im Internet:

http://www.grin.com/

http://www.facebook.com/grincom

http://www.twitter.com/grin_com

Kurzpräsentation über die Einführung in die Finanzmathematik

Literatur

- Arrenberg (2015), Finanzmathematik, 3. Auflage, München, DeGruyter Oldenbourg Wissenschaftsverlag GmbH
- Tietze (2015), Einführung in die Finanzmathematik, 12. Auflage, Wiesbaden, Springer Spektrum
- Luderer (2015), Starthilfe Finanzmathematik, 4. Auflage, Wiesbaden, Springer Spektrum

Abschluss-Übungen entnommen aus:

- Ortmann (2016), Praktische Lebensversicherungsmathematik, 2. Auflage, Wiesbaden, Springer Spektrum
- Führer, Grimmer (2010), Einführung in die Lebensversicherungsmathematik, 2. Auflage, Karlsruhe, Verlag Versicherungswirtschaft GmbH

Übersicht Finanzmathematik

1) Zinsrechnung:

- Einfache Zinsrechnung („Mutter aller Formeln")
- Barwert und Endwert von Zahlungsströmen

2) Tilgungsrechnung:

- Annuitätendarlehen, Rumpfannuität, Effektivzinsberechnung

3) Festverzinsliche Wertpapiere:

- Kurswert und Rendite einer Anleihe
- Zinsänderungsrisiko und Duration

1) Zinsrechnung

• Finanzmathematik ist...

➢ Die Bewertung von *Zahlungsströmen* (wiederkehrende Zahlungen) unter *Berücksichtigung eines Zinses i*

Grundlage der einfachen Zinsrechnung:

➢ „Mutter aller Formeln": $K_n = K_0(1 + i)^n$

mit K_n = Endkapital
K_0 = Anfangskapital
i = Zins (z.B. Monats- oder Jahreszins)
n = Anzahl Perioden (z.B. Monate oder Jahre)

1) Zinsrechnung

- Unterscheidung **einfacher** und **äquivalenter**, unterjähriger Zins:

- Jahreszins von $i = 6\%$: entspricht $i/12 = 0{,}5\%$
  „einfachem Monatszins"

  entspricht $(1 + i)^{1/12} - 1$
  „äquivalentem Monatszins"

- Durch den äquivalenten Zins wird dem auch unterjährig herrschendem Zinses-Zins-Effekt Rechnung getragen

- Welcher Zinssatz (Jahres- oder Monatszins) zur Bewertung von Zahlungsströmen verwendet wird, hängt davon ab, **wie gezahlt wird**

➢ Zahlweise (z.B. jährlich, monatlich) entscheidend

1) Zinsrechnung

- Vorsicht bei Zins-Durchschnitten!

- Erhält man im 1. Jahr 5% Zinsen und im 2. Jahr 10%, so ist der durchschnittliche Zins $\neq 7{,}5\%$!

- Man darf nicht den Durchschnitt („arithmetisches Mittel") berechnen, sondern muss das s.g. **geometrische Mittel** zur Hilfe nehmen

- Eine weitere Möglichkeit ist der Weg über die **Zinsintensität μ**
➢ „Zinsintensitäten lügen nicht"

Vom Zins i hin zur Z-Intensität:
$$\mu = \ln(1 + i)$$
Von der Z-Intensität μ zum Zins:
$$i = e^\mu - 1$$

1) Zinsrechnung

- **Betrachtung** Bar- und Endwert: **zentrale Elemente der Vorlesung!**

- **Endwert (EW): wir bauen uns Kapital durch regelmäßige Sparraten auf. Das Kapital wächst. Wir zinsen auf!**
  - ➢ Signalwörter: Kontostand, Endkapital, Ende der Laufzeit

- Endwert-Formeln für wiederkehrende Zahlungen mit dem Betrag S und Zins i über n Perioden. Aus dem Zins i ergibt sich unser Wachstumsfaktor q

- $EW = S \cdot \frac{q^n - 1}{i}$ mit $q = 1 + i$ → nachschüssige Zahlweise

- $EW = S \cdot q \, \frac{q^n - 1}{i}$ mit $q = 1 + i$ → vorschüssige Zahlweise

1) Zinsrechnung

- **Betrachtung** Bar- und Endwert: **zentrale Elemente der Vorlesung!**

- **Barwert (BW): Wir zinsen ab! Ein künftiger Zahlungsstrom / Kapitalbetrag wird aus heutiger Sicht bewertet.**
  - ➢ Signalwörter: Generierung eines Zahlungsstrom. Was ist dieser wert?

- Barwert-Formeln für wiederkehrende (Renten-) Zahlungen mit dem Betrag R und Zins i über n Perioden. Aus dem Zins i ergibt sich unser Diskontierungsfaktor v

- $BW = R \cdot \frac{1 - v^n}{i}$ mit $v = \frac{1}{1+i}$ → nachschüssige Zahlweise

- $BW = R \cdot \frac{1 - v^n}{1 - v}$ mit $v = \frac{1}{1+i}$ → vorschüssige Zahlweise

1) Zinsrechnung

- **Aufgabe: Verhältnis Sparbeitrag und Rente**
  Ein Kunde möchte später 10% seines Gehaltes als Rente erhalten.
  Wieviel % seines Gehaltes muss er dafür monatlich investieren?

  ➢ Ansatz: **Endwert** der Sparbeiträge = **Barwert** der Rentenzahlungen

$$x \cdot Gehalt \cdot \frac{q^n - 1}{i} = 0{,}1 \cdot Gehalt \cdot \frac{1 - v^m}{i} \qquad | \text{ Zusf.}$$

$$x \cdot \frac{q^n - 1}{i} = 0{,}1 \cdot \frac{1 - v^m}{i} \qquad | \text{ Zusf.}$$

$$x \cdot (q^n - 1) = 0{,}1 \cdot (1 - v^m) \qquad | : (q^n - 1)$$

$$x = 0{,}1 \cdot \frac{1 - v^m}{q^n - 1}$$

1) Zinsrechnung

- **Aufgabe: Einen unendlichen Zahlungsstrom generieren**
  Ein Lottogewinn i. H. v. 195.000 Euro soll für Rentenzahlungen
  verwendet werden, wobei das Kapitel erhalten bleiben soll.
  a) Welche jährlich nachschüssige Rentenzahlung darf der Gewinner
  bei einem angenommenen Zinssatz von i= 4% erwarten?
  b) Welche jährlich vorschüssige Rentenzahlung ist möglich?

  ➢ Ansatz: **Generierte Zinsen** müssen der **Rente** entsprechen

Zu a) $Rentenzahlung = 195.000 \; Euro * 0{,}04 = 7.800 \; Euro$

Zu b)   Das Kapital reduziert sich sofort auf $195.000 - Rentenzahlung$.
Durch den Zins muss das Kapital nach 1 Jahr bei 195.000 stehen.

$Ansatz\colon (195.000 - R) * 1{,}04 = 195.000 \quad \longrightarrow \quad R = 7.500 \; Euro$

2) Tilgungsrechnung

- Grundlegender Ansatz:

> **Barwert Auszahlung** Bank = **Barwert Rückzahlung** Kunde

- i.d.R. betrachtet man alles aus heutiger Sicht (Zeitpunkt 0)

- Zahlt die Bank das Darlehen sofort aus (ohne Gebühr), so ist der Barwert der Bank gleich dem nominalen Darlehensbetrag **(keine Diskontierung!)**
- Der Barwert des Kunden ergibt sich äquivalent zur Formel auf Seite 7: wiederkehrende Darlehensrückzahlungen (Annuitäten A) können wie Rentenzahlungen gesehen werden!

- Anfangsschuld $S_0 \triangleq$ i.d.R. dem Kreditbetrag = $A \cdot \frac{1-v^n}{i}$ → nachschüssig

2) Tilgungsrechnung

- Die gleichbleibende Rückzahlungsrate A (=Annuität) besteht aus Zins und Tilgung.
- Nur der Anteil, der in die Tilgung fliest, reduziert die Darlehens(rest-)schuld. Der Anteil, der für die anfallenden Zinsen („Preis des Kredits") investiert wird, verhindert lediglich, dass der Schuldbetrag größer wird!

- **Aufgabe zum Bestandteil einer Annuität: Zins und Tilgung**
  Ein Kunde möchte sich ein Eigenheim im Wert von 150.000 Euro finanzieren. Er kann jedoch maximal 5.000 Euro pro Jahr hierfür aufbringen und möchte gleichzeitig in 30 Jahren schuldenfrei sein.

  a) Erklären Sie verbal, warum er sich einen solchen Kredit nicht leisten kann!
  b) Berechnen Sie die maximal mögliche Kredithöhe bei einem Zins von 3% p.a.!

2) Tilgungsrechnung

- Lösung Aufgabe a):

- **Der Kunde zahlt in 30 Jahren lediglich 5.000 € · 30 = 150.000 Euro**
- Somit kommt er exakt auf den Betrag, den es **zu tilgen** gilt!
- Da die Bank jedoch **Zinsen** („**Preis des Kredits**") verlangt, muss er insgesamt über die Laufzeit <u>mehr</u> als 150.000 Euro zurückzahlen!
- ➢ Der Kunde wäre nach 30 Jahren nur für den (realitätsfernen) Fall, dass er jeden Euro der Rückzahlung zur Tilgung nutzen könnte (Zins $i = 0\%$), schuldenfrei!

- Lösung Aufgabe b)

> ➢ **Barwert Auszahlung** Bank = **Barwert Rückzahlung** Kunde

- Anfangsschuld $S_0 = 5000 \cdot \frac{1-v^{30}}{i}$ ➔ $S_0 = 98.002,21$ Euro

2) Tilgungsrechnung

- <u>Berechnung der Restschuld nach k Jahren</u> ($0 \leq k \leq n$):

- <u>Zwei Ansätze:</u>

➢ Dio Roctcohuld S_k ontepricht dom Barwert der noch ausstehenden Rückzahlungen („klassischer" *Barwert-Ansatz*)

$$S_k = A \cdot \frac{1-v^{n-k}}{i}$$

➢ Die Restschuld S_k entspricht der Differenz aus aufgezinster Anfangsschuld und aufgezinsten Annuitäten (*Endwert-Ansatz*)

$$S_k = S_0 \cdot q^k - A \cdot \frac{q^k-1}{i}$$

2) Tilgungsrechnung

- **Aufgabe zur Bestimmung der Restschuld**
  Ein Kunde zahlt für sein Darlehen von 200.000 Euro eine <u>monatliche</u> Annuität A über 750 Euro. Zusätzlich leistet er <u>jährliche</u> Sondertilgungen K in Höhe von 2.500 Euro.

  a) Ermitteln Sie die Restschuld nach 5 Jahren bei einem Monatszins i_1 von 0,2%!
  b) Berechnen Sie die Restschuld nach 10,5 Jahren (=126 Monaten)!

> auf Jahreszins i_2 hochrechnen!

- **Lösung zu a):** Endwert-Restschuld-Formel vom 2- zum 3-Konten-Modell erweitern:

> $S_k = S_0 \cdot q_1^{\ k} - A \cdot \dfrac{q_1^{\ k}-1}{i_1} - K \cdot \dfrac{q_2^{\ n}-1}{i_2}$ mit k=60, n=5, $i_2=(1+i_1)^{12}-1$ → $S_{60} = 164.590,15$ Euro

- **Lösung zu b):** „Zwischenstopp" bei k=120 notwendig, anschließend bis k=126 weiterrechnen

- $S_{120} = S_0 \cdot q_1^{120} - A \cdot \dfrac{q_1^{120}-1}{i_1} - K \cdot \dfrac{q_2^{10}-1}{i_2}$ → $S_{126} = S_{120} \cdot q_1^{\ 6} - A \cdot \dfrac{q_1^{\ 6}-1}{i_1} = 121.651,43$ Euro

2) Tilgungsrechnung

- **Exkurs:** Zusammenhang zwischen „klassischer" Barwert- und „neuer" Endwert-Formel (zur Berechnung der Restschuld)

- Ansatz: Betrachtung Endwert-Formel zum End-Zeitpunkt des Darlehens
  → hier ist die Restschuld = 0

$$S_k = S_0 \cdot q^k - A \cdot \frac{q^k-1}{i} = 0 \qquad | + A \cdot \frac{q^k-1}{i}$$

$$S_0 \cdot q^k = A \cdot \frac{q^k-1}{i} \qquad | : q^k$$

$$S_0 = A \cdot \frac{\frac{q^k-1}{i}}{q^k} \qquad | \text{ Zusf.}$$

$$S_0 = A \cdot \frac{1-v^k}{i} \qquad | \text{ da Endzeitpunkt gilt k = n !!!}$$

2) Tilgungsrechnung

- Bestimmung der Rumpfannuität

1. Die Laufzeit n des Annuitätendarlehens muss bekannt sein und wird ganzzahlig abgerundet
2. Man bestimmt nun die Restschuld für das letzte ganzzahlige n
3. Diese Restschuld wird anschließend einmal mit dem Wachstumsfaktor $q = 1 + i$ aufgezinst (auf Periodenzins achten!)

- **Beispiel: n = 23,7**

a) $n' = 23$

b) $S_{23} = S_0 \cdot q^{23} - A \cdot \dfrac{q^{23}-1}{i}$

c) $Rumpfannuität = S_{23} \cdot (1 + i) = S_{23} \cdot q$

2) Tilgungsrechnung

- Vorab-Info zur Effektivzinsberechnung:

- Man bildet die Barwerte der Zahlungen von Bank und Kunde ab. Diese werden gleichgesetzt und man ermittelt einen Zinssatz i, für den sich auf beiden Gleichungsseiten der gleiche (Bar-) Wert ergibt

- Merke: beginnen Zahlungsströme später oder früher als andere, d.h. sie starten zu **unterschiedlichen Zeitpunkten**, so sind Zahlungsströme *getrennt zu bilden*. Gleichzeitig trifft man hierbei in aller Regel auf unterschiedliche Annuitäten!

- ➢ Folge: **Diskontierung von Barwerten! („Phasenverschiebung")**[1]

- Hinweis: Ein vorgegebener Zins i wird über das BW-Verhalten geprüft: Ist der BW zu klein (Diskontierung zu stark), so ist der echte Zins kleiner!

[1] Eigene Bezeichnung

2) Tilgungsrechnung

- Beispiel-Aufgabe zu Folie 13: „**Phasenverschiebung**"

- Auszahlung Bank: **500 € sofort + 500 € nach 1 Monat**
- Rückzahlung Kunde: **6 Monate Zahlpause, danach 5 Monate a 25€**
  anschließend 30 Monate a 35 €

- Lösung: Abbildung der Barwerte Bank / Kunde

$$500 + \frac{500}{1+i} = 25 \cdot \frac{1-v^5}{i} \cdot v^6 + 35 \cdot \frac{1-v^{30}}{i} \cdot v^{11}$$

statt 500/(1+i) kann man auch 500 · v^1 schreiben!

➢ **Hinweis:** solche Gleichungen (auch die „klassische" Barwert-Formel
  BW = $A \cdot \frac{1-v^n}{i}$) sind nicht nach i auflösbar → da in v auch i steckt
- Lösung GTR[1]: i = 0,679526% (Monatszins) ≙ 8,466% effekt. Jahreszins
  [1] Graphikfähiger Taschenrechner

---

2) Tilgungsrechnung

- Veranschaulichung der Übungsaufgabe:

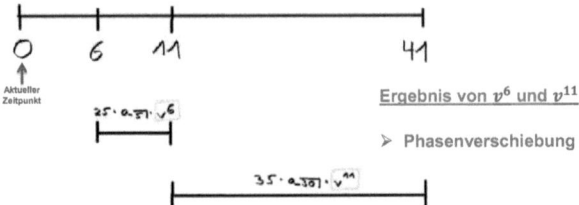

Ergebnis von v^6 und v^{11}

➢ Phasenverschiebung

- **Hinweis:** einen Geldbetrag multipliziert mit der BW-Formel $\frac{1-v^n}{i}$ ergibt
  einen bereits diskontierten Zahlungsstrom (**beginnend ab Zeitpunkt 0**)

➢ Die Faktoren v^6 und v^{11} **schieben diesen Zahlungsstrom „in die Zukunft"**

---

2) Tilgungsrechnung

- Ein Möbelhaus bietet seinen Kunden bisher den „Freundschaftsrabatt" an, der 20% auf den Kaufpreis gewährt. Um das Geschäft anzukurbeln wird der „Supermegarabatt" eingeführt. Nach Kauf erhält der Kunde sofort das Möbelstück und zusätzlich nach 6 Monaten 5% des Kaufpreises bar ausgezahlt. Ab dem 7. Monat wird der Kaufpreis in 48 Monatsraten zinslos zurückgezahlt.

- **Frage:** Ist der neue Rabatt für das Möbelhaus teurer? Vergleichen Sie die beiden Rabatte für ein Möbelstück im Wert von 4.800 Euro und gehen Sie neben einer nachschüssigen Zahlweise davon aus, dass für das Darlehen ein kalkulatorischer Zins von 6% zugrunde gelegt wird!

2) Tilgungsrechnung

- Lösung:

1. Barwerttechnische Abbildung der Zahlungsströme: jeweils von Möbelhaus und Kunde
2. Vergleich der Barwerte (→ ins Verhältnis setzen und den Rabatt berechnen)

3) Festverzinsliche Wertpapiere

- <u>Allgemein:</u> Der Käufer des Wertpapiers (*Gläubiger*) erhält das Recht einen **Zahlungsstrom** vom Verkäufer (*Schuldner*) zu fordern
- meistens besteht dieser aus jährlichen Zinszahlungen und der am Ende fälligen Rückzahlung des Nominalwertes C_{nom}
- Der Käufer, der sein Geld (in Höhe von C_0) für einen bestimmten Zeitraum weggibt, verlangt hierfür einen Zins i
- Steht dieser fest, so gilt es nun den Kaufpreis (= Kurswert = BW = C_0) zu ermitteln, bei dem der Käufer eine Rendite in Höhe von i erhält

- A) **Zerobond** → Keine jährl. Zinszahlung, nur Rückzahlung von C_{nom}
- ➤ **Ansatz: Mutter aller Formeln**

$$C_{nom} = C_0 \cdot (1+i)^n \qquad | : (1+i)^n$$

$$C_0 = \frac{C_{nom}}{(1+i)^n}$$

3) Festverzinsliche Wertpapiere

- B) **Kuponanleihe** → jährl. Zinszahlung, am Ende Rückzahlung von C_{nom}
Die jährl. Zinszahlung ergibt sich aus dem Produkt $C_{nom} \cdot i_k$

- <u>Zusammensetzung des Kurswertes C_0:</u>

1. Der am Ende fällige Nominalwert wird diskontiert
2. Die jährlichen Zinszahlungen werden durch die „klassische Barwert-Formel" abgebildet und hinzugerechnet

➤ Hieraus ergibt sich folgende Formel:

$$C_0 = \frac{C_{nom}}{(1+i)^n} + C_{nom} \cdot i_k \frac{1-v^n}{i}$$

$$\leftrightarrow \qquad C_0 = C_{nom} \cdot \left(v^n + i_k \cdot \frac{1-v^n}{i}\right)$$

3) Festverzinsliche Wertpapiere

- Kursentwicklung einer Kuponanleihe im Zeitablauf bei einer Zinsänderung in t=0

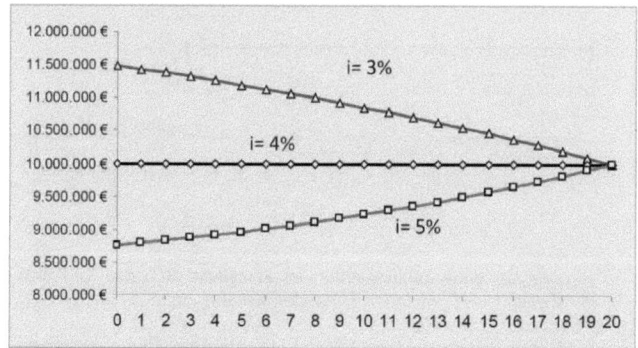

Pull-to-Par Effekt

3) Festverzinsliche Wertpapiere

- <u>Phasenverschiebung bei einer Kuponanleihe:</u>

- Besteht eine Anleihe aus unterschiedlichen Kuponzinsen i_{kn}, so ergeben sich gleichzeitig verschiedene Zinsbeträge (= $C_{nom} \cdot i_{kn}$)

- Analog zur Tilgungsrechnung liegen hier Zahlungsströme vor, die verschiedene Geldbeträge beinhalten und zu unterschiedlichen Zeitpunkten beginnen. **Folge: Phasenverschiebung**[1]

- **Beispiel:** C_{nom} = 100.000 i_{k1} = 5% (erste 5 Jahre) i_{k2} = 2%   (letzte 15 Jahre)   n = 20   i = 5%

$$C_0 = 100.000 \left(v^{20} + i_{k1} \cdot \frac{1-v^5}{i} + i_{k2} \cdot \frac{1-v^{15}}{i} \cdot v^5 \right)$$

= 75.601,80 Euro

[1] Eigene Bezeichnung

3) Festverzinsliche Wertpapiere

- Veranschaulichung der Übungsaufgabe:

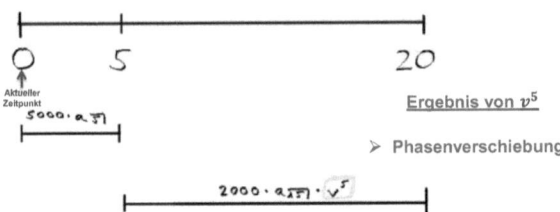

- <u>Hinweis:</u> der erste Zahlungsstrom ist „klassisch" zu bilden. Lediglich der Zweite muss gesondert behandelt werden, da er **nicht zum Zeitpunkt 0 beginnt!**
- auf Eintragung des (diskontierten) Nominalwertes wurde verzichtet

3) Festverzinsliche Wertpapiere

- <u>Rendite einer Anleihe:</u> Zins i^* als Rendite
- ➤ abhängig vom eingesetzten Kapital (gezahlt in Form des Kurswertes C_0) und den künftigen Rückzahlungen, ergibt sich eine Rendite

- Bsp: Wieviel darf der Investor für einen Zerobond höchstens zahlen, wenn er eine Mindest-Rendite i^* von 5% erzielen will?

$$C_0 \leq \frac{C_{nom}}{(1+i^*)^n}$$

- Auch bei einer Kuponanleihe gilt das gleiche Prinzip. Soll man jedoch nicht den maximalen Kurswert (bei gegebener Rendite), sondern die Rendite selbst bestimmen, so ist die Gleichung der Kuponanleihe i.d.R. nicht nach i^* auflösbar. Näherungsverfahren oder <u>Schätzung</u> notwendig!

$$\blacktriangleright \; C_0 = C_{nom} \left((1+i^*)^{-n} + i_k \cdot \frac{1-(1+i^*)^{-n}}{i^*} \right)$$

3) Festverzinsliche Wertpapiere

- Zinsänderungsrisiko / Duration

- Unter dem Zinsänderungsrisiko versteht man das Risiko, dass sich der Marktzins i im Verlauf der Zeit ändert und dies (negative) Auswirkungen auf die Bewertung der gehaltenen Wertpapiere hat
- Eine wichtige Kennzahl in diesem Zusammenhang stellt die Duration, d.h. die gewichtete Restlaufzeit eines Wertpapiers, dar.

- **A) „Manuelle" Berechnung der Duration**

(1) Alle Zahlungen werden einzeln als _Zerobond_ interpretiert und kurswertmäßig (d.h. barwert-technisch) erfasst
(2) Man ermittelt den Anteil der einzelnen Barwerte am Gesamt-Barwert
(3) Diesen Anteil multipliziert man mit der _„(Rest-)Laufzeit"_ des Zerobonds
(4) Anschließend addiert man die einzelnen Produkte aus (3)

---

3) Festverzinsliche Wertpapiere

- **A) „Manuelle" Berechnung der Duration**
- Beispiel: Kuponanleihe mit C_{nom} = 1.000, i_k = 2%, i = 3%, n = 3 Jahre

(1) $BW1 = \frac{20}{1+i} = 19,42$ $BW2 = \frac{20}{(1+i)^2} = 18,85$ $BW3 = \frac{1020}{(1+i)^3} = 933,44$

(2) Gesamt-Kurswert/-Barwert: 971,71 Euro

Anteil 1: $\frac{19,42}{971,71} = 0,019985$ Anteil 2: $\frac{18,85}{971,71} = 0,019399$

Anteil 3: $\frac{933,44}{971,71} = 0,960616$

(3) Einzel-Durationen: 0,019985 · 1   0,019399 · 2   0,960616 · 3

(4) Gesamt-Duration = 2,940631

3) Festverzinsliche Wertpapiere

- B) Bestimmung einer (näherungsweisen) absoluten, sowie relativen
  Portfolio-Wertänderung bei einer Marktzinsveränderung Δi

- „Geschätzte" absolute Wertänderung:

  - $P(i)_{abs} = \Delta i \cdot \frac{-D}{1+i} \cdot BW(i)$

- „Geschätzte" relative Wertänderung:

  - $P(i)_{rel} = \Delta i \cdot \frac{-D}{1+i}$

3) Festverzinsliche Wertpapiere

- **C) Bestimmungsgleichung Gesamt-Duration**

- Abgeleitet aus der „manuellen Berechnung" aus A), ergibt sich eine
  Gleichung, mit der man eine neue Duration errechnen kann, wenn im
  Portfolio Wertpapiere ersetzt, hinzugekauft oder verkauft werden.

$$D_{ges} = \frac{K_1}{K_1 + K_2} \cdot D_1 + \frac{K_2}{K_1 + K_2} \cdot D_2$$

- ➢ Diese Gleichung soll beispielhaft die Gesamt- Duration für zwei
  Zerobonds bzw. für ein Portfolio und separatem Zerobond darstellen

- K_1: Kurswert Zerobond 1 K_2: Kurswert Zerobond 2
- D_1: Laufzeit Zerobond 1 D_2: Laufzeit Zerobond 2
- $K_1 + K_2$: Gesamt-Kurswert D_{ges}: Gesamt-Duration

3) Festverzinsliche Wertpapiere

- **C) Bestimmungsgleichung Gesamt-Duration**
- Bsp. von S. 30: Kuponanleihe mit C_{nom} = 1.000, i_k = 2%, i = 3%, n = 3 Jahre

$$D_{ges} = \frac{K_1}{K_1 + K_2 + K_3} \cdot D_1 + \frac{K_2}{K_1 + K_2 + K_3} \cdot D_2 + \frac{K_3}{K_1 + K_2 + K_3} \cdot D_3$$

- K_1:   19,42 Euro K_2:   18,85 Euro K_3:   933,44 Euro
- D_1:   1 Jahr D_2:   2 Jahre D_3:   3 Jahre
- $K_1 + K_2 + K_3$: : 971,71 Euro D_{ges}: Gesamt-Duration

- Durch Einsetzen aller bereits errechneten Werte ergibt sich eine Gesamt-Duration D_{ges} von 2,940630

- Verkauft der Inhaber den ersten Kupon K_1 (mit D_1 = 1, da in einem Jahr fällig) und erwirbt hierfür einen Zerobond mit einer Laufzeit von 5 Jahren, ergibt sich für das Portfolio ein neues D_{ges} , da nun D_1 = 5 ist!

4) Abschluss-Übungen

- Ein Beamter schließe mit Vollendung seines 40. Lebensjahres eine Todesfallversicherung über 150.000 € ab. Im Fall des Todes, der mit Sicherheit irgendwann eintritt, bekommen die Angehörigen die Versicherungssumme ausbezahlt. Der Einfachheit halber nehmen wir an, dass die Todesfallsumme am Ende des tatsächlichen Todesjahres ausgezahlt werde.
- Der jährlich vorschüssige **Versicherungsbeitrag**, den der Beamte zu zahlen hat, sei 3.400 €. Es wird vom Versicherer mit einer internen Verzinsung von 5% p.a. gerechnet.

a) Welchen Verlust macht das Versicherungsunternehmen, wenn der Beamte mit 57 Jahren und 3 Monaten verstirbt?
b) Welchen Gewinn macht das Versicherungsunternehmen, wenn der Beamte im Alter 72 und 9 Monate verstirbt?
c) In welchem Alter müsste der Beamte versterben, damit das Unternehmen weder Verlust noch Gewinn macht?

4) Abschluss-Übungen

Lösung zu a+b): Barwert-technische Verrechnung der Zu- und Abflüsse (→ wirtschaftl. Verlust aus heutiger Sicht)
Verrechnung von Prämien-Endwert und nominaler Todesfallsumme
(→ nominaler Verlust „Kontostand des einzelnen Vertrages")

a) $Saldo(BW) = 3.400 \frac{1-v^n}{1-v} - 150.000 \cdot v^n = -20.596,27 €$ $mit\ n = 18,\ v = \frac{1}{1+i},\ i = 5\%$

$Saldo(nom.) = -20.596,27 € \cdot q^n = -49.567,39 €$ $mit\ q = 1 + i$

b) $Saldo(BW) = 3.400 \cdot \frac{1-v^n}{1-v} - 150.000 \cdot v^n = 27.148,22 €$ $mit\ n = 33,\ v = \frac{1}{1+i},\ i = 5\%$

$Saldo(nom.) = 27.148,22 € \cdot q^n = 135.827,66 €$ $mit\ q = 1 + i$

4) Abschluss-Übungen

Lösung zu c): Gleichsetzen von Prämien- und Leistungsbarwert. Anschließend nach n auflösen
(→ Alternativ: Prämien-Endwert und nominale Todesfallsumme gleichsetzen)

$3.400 \cdot \frac{1-v^n}{1-v} = 150.000 \cdot v^n$ $| : 3.400$ $| \cdot (1 - v)$

$1 - v^n = 44,12 \cdot v^n \cdot (1 - v)$ $| : v^n$

$\frac{1}{v^n} - 1 = 44,12 \cdot (1 - v)$ $| + 1$ $|$ Zusf.

$\frac{1}{v^n} = 45,12 - 44,12 \cdot v$ $| (...)^{-1}$

$v^n = \frac{1}{45,12 - 44,12 \cdot v}$ $| \ln(...)$ $|$ Zusf.

$n = \frac{\ln\left(\frac{1}{45,12 - 44,12 \cdot v}\right)}{\ln(v)}$ → $n = 23,2$

4) Abschluss-Übungen

- Berechnen Sie den Rentenbarwert (das benötigte Anfangskapital) einer sofortbeginnenden vorschüssigen Zeitrente, die 15 Jahresraten zu jeweils 10.000 Euro gewährt (mit i = 2,5%)
- Berechnen Sie den Rentenbarwert nochmals, nun aber unter Einbeziehung einer fünfjährigen Aufschubzeit. Erläutern Sie das Ergebnis!

Lösung zu a): „Normale" Barwert Berechnung

Lösung zu b): Phasenverschiebung beachten
> → der BW ist kleiner als in a), da der Renten-BW zunächst 5 Jahre verzinst wird.
> Folglich wird ein niedrigerer Renten-BW zur Finanzierung der Rente benötigt

BEI GRIN MACHT SICH IHR WISSEN BEZAHLT

- Wir veröffentlichen Ihre Hausarbeit,
  Bachelor- und Masterarbeit

- Ihr eigenes eBook und Buch -
  weltweit in allen wichtigen Shops

- Verdienen Sie an jedem Verkauf

Jetzt bei www.GRIN.com hochladen und kostenlos publizieren